The Waves of Life: Bilingual German-English Short Stories for German Language Learners

Pomme Bilingual

Published by Pomme Bilingual, 2024.

THE WAVES OF LIFE: BILINGUAL GERMAN-ENGLISH SHORT STORIES FOR GERMAN LANGUAGE LEARNERS

First edition. July 26, 2024.

ISBN: 979-8227143716

Written by Pomme Bilingual.

Table of Contents

Der Tanz der einfachen Freuden

Jeden Morgen, bevor die Sonne das kleine Dorf in einem goldenen Licht tunkte, stand Paul auf. Er war ein einfacher Mann mit rauen Händen und einem weichen Herzen. Sein Haus lag am Rande des Waldes, wo der Wind sanft durch die Bäume strich und das Lied der Vögel die Stille des Morgens brach. Paul liebte diese Ruhe, die nur durch das sanfte Geräusch seiner eigenen Schritte auf dem Weg unterbrochen wurde.

Paul war ein Fischer. Jeden Tag ging er zum Fluss, wo das klare Wasser über die Steine sprudelte und die Fische in der Morgensonne blitzten. Er war kein reicher Mann, aber er hatte alles, was er brauchte. Sein Boot, seine Angel und die Liebe zu seiner Arbeit. Er fand Glück in den einfachen Dingen – in dem Glitzern des Wassers, dem frischen Geruch des Waldes und dem Gefühl der Sonne auf seiner Haut.

Eines Tages, als Paul am Ufer saß und auf den Fluss blickte, kam ein Fremder auf ihn zu. Der Mann war elegant gekleidet und hatte ein Lächeln, das Paul sofort misstrauisch machte. "Guten Morgen," sagte der Fremde. "Ich bin auf der Suche nach jemandem, der mir helfen kann. Ich bin Schriftsteller und möchte die Geschichten der Menschen hier erfahren."

Paul nickte, unsicher, was er sagen sollte. Der Fremde setzte sich neben ihn und begann zu erzählen. Er sprach von der Stadt, dem Trubel und dem Lärm, von den Menschen, die immer in Eile waren und nie Zeit hatten, die einfachen Freuden des Lebens zu genießen.

"Und Sie," fragte der Fremde schließlich, "was macht Sie glücklich?"

Paul dachte nach. Er blickte auf das Wasser, das sanft gegen das Ufer schlug, und lächelte. "Das hier," sagte er leise. "Die Ruhe, die Natur, die Freiheit, meinen eigenen Weg zu gehen. Ich brauche nicht viel, um glücklich zu sein. Nur das, was ich habe, und die Menschen, die ich liebe."

Der Fremde sah ihn an, als hätte er eine tiefe Weisheit entdeckt. "Manchmal," sagte er nach einer Weile, "vergessen die Menschen, dass das wahre Glück in den einfachen Dingen liegt."

Paul nickte. "Das ist wahr. Glück ist kein Ziel, das man erreichen muss. Es ist eine Art zu leben, ein Tanz der einfachen Freuden."

Der Fremde lächelte. "Danke," sagte er. "Ich glaube, ich habe hier etwas Wichtiges gelernt."

Paul sah ihm nach, wie er den Weg zurück zur Stadt einschlug. Er fühlte sich leicht und frei, als hätte er ein Geheimnis geteilt, das nur wenige verstanden. Er stand auf, nahm seine Angel und ging zum Fluss. Die Sonne stand nun hoch am Himmel und das Wasser glitzerte wie tausend Diamanten. Paul lächelte und begann zu angeln.

Am Abend, als er nach Hause zurückkehrte, war er müde, aber glücklich. Er wusste, dass er das wahre Geheimnis des Glücks gefunden hatte – nicht in Reichtum oder Ruhm, sondern in den einfachen, stillen Momenten, die das Leben so wertvoll machten. Er setzte sich auf seine Veranda, schaute in den Sternenhimmel und dankte dem Universum für diese kleinen Freuden.

The Dance of Simple Joys

Every morning, before the sun bathed the small village in golden light, Paul would rise. He was a simple man with rough hands and a soft heart. His house was on the edge of the forest, where the wind gently rustled the trees and the birds' song broke the morning silence. Paul loved this tranquility, interrupted only by the gentle sound of his own footsteps on the path.

Paul was a fisherman. Every day he went to the river, where the clear water bubbled over the stones and the fish sparkled in the morning sun. He was not a wealthy man, but he had everything he needed. His boat, his fishing rod, and the love for his work. He found happiness in simple things – in the glitter of the water, the fresh smell of the forest, and the feel of the sun on his skin.

One day, as Paul sat on the bank looking at the river, a stranger approached him. The man was elegantly dressed and had a smile that immediately made Paul suspicious. "Good morning," said the stranger. "I am looking for someone who can help me. I am a writer and want to hear the stories of the people here."

Paul nodded, unsure of what to say. The stranger sat next to him and began to talk. He spoke of the city, the hustle and bustle, the noise, the people always in a hurry, never taking time to enjoy the simple joys of life.

"And you," the stranger finally asked, "what makes you happy?"

Paul thought. He looked at the water gently lapping against the shore and smiled. "This," he said softly. "The tranquility, the nature, the freedom to go my own way. I don't need much to be happy. Just what I have and the people I love."

The stranger looked at him as if he had discovered deep wisdom. "Sometimes," he said after a while, "people forget that true happiness lies in the simple things."

Paul nodded. "That's true. Happiness is not a goal to be achieved. It is a way of living, a dance of simple joys."

The stranger smiled. "Thank you," he said. "I think I have learned something important here."

Paul watched him walk back toward the city. He felt light and free, as if he had shared a secret that few understood. He stood up, took his rod, and went to the river. The sun was now high in the sky, and the water glittered like a thousand diamonds. Paul smiled and began to fish.

In the evening, when he returned home, he was tired but happy. He knew he had found the true secret of happiness – not in wealth or fame, but in the simple, quiet moments that made life so precious. He sat on his porch, looked up at the starry sky, and thanked the universe for these little joys.

Ein Tag in Berlin

Die Morgensonne kroch über die Dächer Berlins und erhellte die Straßen mit einem warmen, goldenen Licht. In einem kleinen Café in der Nähe des Alexanderplatzes saß Jakob und rührte in seinem Kaffee. Er war ein Mann mittleren Alters, schlank und still, mit einem Gesicht, das von den Jahren und den Geschichten, die er nicht erzählte, gezeichnet war.

Josef war Schriftsteller, doch seit Monaten hatte er kein Wort mehr zu Papier gebracht. Die Worte, die früher wie ein Fluss aus ihm strömten, waren versiegt. Er saß nun oft in diesem Café, beobachtete die Menschen und versuchte, die Inspiration zu finden, die ihm fehlte.

An diesem Morgen war das Café fast leer, nur ein paar Stammgäste und der Barista, der mit einer alten Jazzplatte beschäftigt war. Josef genoss die Ruhe, das sanfte Murmeln der Gespräche und das gelegentliche Klirren von Tassen und Untertassen. Er blickte aus dem Fenster und sah das pulsierende Leben der Stadt – die Fahrradfahrer, die sich durch den Verkehr schlängelten, die Touristen, die Karten studierten, und die Straßenkünstler, die ihre Kunststücke vorführten.

Ein Mädchen mit einem bunten Schal und einem zerzausten Zopf trat ein. Sie setzte sich an den Tisch neben Josef und bestellte einen Tee. Sie zog ein Notizbuch hervor und begann zu schreiben, ihr Gesicht konzentriert und ernst. Josef beobachtete sie aus dem Augenwinkel und spürte eine seltsame Verbindung.

Es war, als ob sie ebenfalls nach etwas suchte, das sie nicht benennen konnte.

Nach einer Weile hob sie den Kopf und ihre Augen trafen sich. Sie lächelte und Josef erwiderte das Lächeln. "Schreiben Sie auch?" fragte sie und deutete auf das leere Notizbuch vor ihm.

"Ja," antwortete Josef. "Zumindest versuche ich es."

"Ich bin Lea," stellte sie sich vor und streckte ihm die Hand entgegen.

"Josef," sagte er und nahm ihre Hand. Sie fühlte sich warm und vertraut an.

"Ich habe oft das Gefühl, dass die Stadt selbst eine Geschichte ist," sagte Lea. "Jede Straße, jeder Platz hat etwas zu erzählen, wenn man nur genau hinsieht."

Josef nickte. "Das stimmt. Aber manchmal fällt es schwer, die Geschichten zu finden."

Lea lächelte. "Vielleicht kann ich Ihnen helfen." Sie öffnete ihr Notizbuch und zeigte ihm die Seiten, die mit Skizzen und Notizen gefüllt waren. "Ich laufe oft durch die Stadt und zeichne oder schreibe, was mir auffällt. Es hilft mir, die Dinge klarer zu sehen."

Josef blätterte durch die Seiten und war beeindruckt von der Detailgenauigkeit und dem Einfallsreichtum. "Das ist beeindruckend," sagte er. "Vielleicht sollte ich auch mehr hinausgehen und die Stadt auf diese Weise erkunden."

"Das sollten Sie," antwortete Lea. "Berlin ist voller Geschichten. Man muss nur bereit sein, sie zu entdecken."

Am nächsten Tag trafen sich Josef und Lea wieder im Café. Diesmal beschlossen sie, gemeinsam durch die Stadt zu gehen. Sie spazierten entlang der Spree, besuchten das Brandenburger Tor und setzten sich schließlich auf eine Bank im Tiergarten. Sie unterhielten sich über ihre Lieblingsbücher, ihre Träume und die Dinge, die sie glücklich machten.

Josef bemerkte, dass sich etwas in ihm veränderte. Die Kreativität, die so lange blockiert war, begann wieder zu fließen. Es war, als ob Lea einen verborgenen Teil von ihm geweckt hatte, einen Teil, der die Schönheit und die Geschichten der Stadt wieder erkennen konnte.

An einem regnerischen Nachmittag, als sie im Pergamonmuseum vor den antiken Skulpturen standen, fühlte Josef einen plötzlichen Drang, zu schreiben. Er zog sein Notizbuch heraus und begann, die Worte aufzuschreiben, die ihm in den Sinn kamen. Lea beobachtete ihn lächelnd und wusste, dass ihr Freund seine Stimme wiedergefunden hatte.

Sie verbrachten viele solcher Tage zusammen, erkundeten die Stadt und entdeckten neue Ecken und Geschichten. Josefs Schreibblockade war verschwunden und er schrieb nun mit einer Leidenschaft, die er seit Jahren nicht mehr gespürt hatte. Er wusste, dass er Lea dafür danken musste. Sie hatte ihm gezeigt, dass das Glück und die Inspiration oft in den kleinen, alltäglichen Momenten zu finden waren.

Eines Abends, als die Lichter der Stadt im Regen glänzten und die Menschen eilig nach Hause eilten, saßen Josef und Lea wieder in ihrem Café. Sie sprachen über ihre nächsten Pläne und träumten von zukünftigen Abenteuern.

"Berlin hat eine Seele," sagte Lea. "Man muss nur die Augen öffnen, um sie zu sehen."

Josef lächelte und nickte. "Dank dir habe ich sie gefunden."

Sie stießen mit ihren Tassen an und genossen die Ruhe des Abends. Die Stadt war lebendig, voller Geschichten und Geheimnisse. Und Josef wusste, dass er nun bereit war, sie alle zu entdecken und niederzuschreiben.

A Day in Berlin

The morning sun crept over the rooftops of Berlin, illuminating the streets with a warm, golden light. In a small café near Alexanderplatz, Josef sat stirring his coffee. He was a middle-aged man, slender and quiet, with a face marked by the years and the stories he did not tell.

Josef was a writer, but for months he hadn't written a word. The words that once flowed from him like a river had dried up. He now often sat in this café, watching people and trying to find the inspiration he lacked.

This morning, the café was almost empty, only a few regulars and the barista who was busy with an old jazz record. Josef enjoyed the tranquility, the gentle murmur of conversations, and the occasional clinking of cups and saucers. He looked out the window and saw the bustling life of the city – the cyclists weaving through traffic, the tourists studying maps, and the street performers showing off their tricks.

A girl with a colorful scarf and a messy braid walked in. She sat at the table next to Josef and ordered tea. She pulled out a notebook and began to write, her face concentrated and serious. Josef watched her from the corner of his eye and felt a strange connection. It was as if she was also searching for something she couldn't name.

After a while, she looked up, and their eyes met. She smiled, and Josef returned the smile. "Are you writing too?" she asked, gesturing to the empty notebook in front of him.

"Yes," Josef replied. "At least I'm trying to."

"I'm Lea," she introduced herself, extending her hand.

"Josef," he said, shaking her hand. It felt warm and familiar.

"I often feel like the city itself is a story," Lea said. "Every street, every square has something to tell if you just look closely enough."

Josef nodded. "That's true. But sometimes it's hard to find the stories."

Lea smiled. "Maybe I can help." She opened her notebook and showed him pages filled with sketches and notes. "I often walk through the city and draw or write what catches my eye. It helps me see things more clearly."

Josef flipped through the pages, impressed by the detail and creativity. "That's impressive," he said. "Maybe I should go out more and explore the city this way too."

"You should," Lea replied. "Berlin is full of stories. You just have to be willing to discover them."

The next day, Josef and Lea met again at the café. This time, they decided to walk through the city together. They strolled along the Spree, visited the Brandenburg Gate, and finally sat on a bench in the Tiergarten. They talked about their favorite books, their dreams, and the things that made them happy.

Josef noticed that something was changing within him. The creativity that had been blocked for so long was beginning to flow again. It was as if Lea had awakened a hidden part of him, a part that could once again see the beauty and the stories of the city.

On a rainy afternoon, as they stood before the ancient sculptures in the Pergamon Museum, Josef felt a sudden urge to write. He pulled out his notebook and began to jot down the words that came to mind. Lea watched him with a smile, knowing that her friend had found his voice again.

They spent many such days together, exploring the city and discovering new corners and stories. Josef's writer's block had disappeared, and he was now writing with a passion he hadn't felt in years. He knew he had Lea to thank for it. She had shown him that happiness and inspiration were often found in the small, everyday moments.

One evening, as the city lights glittered in the rain and people hurried home, Josef and Lea sat once more in their café. They talked about their next plans and dreamed of future adventures.

"Berlin has a soul," Lea said. "You just have to open your eyes to see it."

Josef smiled and nodded. "Thanks to you, I've found it."

They clinked their cups together and enjoyed the evening's tranquility. The city was alive, full of stories and secrets. And Josef knew he was now ready to discover and write them all.

Das Schweigen des Winters

Der Winter hatte Berlin fest im Griff. Der frostige Atem der Stadt lag schwer auf den Straßen, und die Menschen zogen ihre Mäntel enger um sich, um dem stechenden Wind zu entkommen. Jannik, ein Mann in den besten Jahren, ging langsam durch die verschneiten Gassen. Er war auf der Suche nach etwas, das er nicht in Worte fassen konnte, und die Kälte schien ihm den Weg zu weisen.

Er war ein Schriftsteller, doch die letzten Monate waren schwer gewesen. Die Worte kamen nicht mehr so leicht, und die Geschichten, die einst in seinem Kopf lebendig waren, schienen im frostigen Nebel der Realität zu verschwinden. Seine Tage verbrachte er nun damit, durch die Stadt zu wandern, in der Hoffnung, dass etwas, irgendetwas, ihn wieder inspirieren würde.

Jannik fand sich oft in einem kleinen Café am Rand des Prenzlauer Bergs wieder. Das Café war warm und gemütlich, ein Zufluchtsort vor der klirrenden Kälte draußen. Die Besitzerin, eine ältere Dame namens Frau Müller, kannte ihn gut und brachte ihm immer einen heißen Kaffee, sobald er durch die Tür trat. An diesem Nachmittag war das Café fast leer, nur ein paar Stammgäste und ein alter Mann, der leise auf einer Gitarre spielte.

Jannik setzte sich an seinen gewohnten Platz am Fenster und starrte hinaus auf die verschneite Straße. Die Welt schien in einem stillen Winterschlaf zu liegen, und das einzige Geräusch war das leise Summen der Gitarre. Es war eine Melodie, die etwas in Jannik weckte, ein Gefühl, das er lange nicht mehr gespürt hatte.

Er zog sein Notizbuch heraus und begann, die Worte zu schreiben, die ihm in den Sinn kamen. Es war, als ob die Musik die Schleusen seines Geistes öffnete und die Geschichten, die er so lange in sich getragen hatte, endlich ihren Weg auf das Papier fanden. Der alte Mann spielte weiter, ohne aufzublicken, aber Jannik wusste, dass diese Melodie genau das war, was er gebraucht hatte.

Als der Abend hereinbrach und die Gäste langsam gingen, blieb Jannik sitzen und schrieb weiter. Frau Müller brachte ihm eine heiße Suppe und ein freundliches Lächeln. "Es ist schön, Sie wieder schreiben zu sehen," sagte sie.

Jannik nickte dankbar. "Es ist dieser Ort," antwortete er. "Und die Musik. Sie erinnern mich daran, warum ich überhaupt angefangen habe zu schreiben."

Frau Müller lächelte und ließ ihn wieder allein. Der alte Mann packte schließlich seine Gitarre ein und trat an Janniks Tisch. "Du bist Schriftsteller?" fragte er mit einer rauen, aber freundlichen Stimme.

Jannik nickte. "Ja, zumindest versuche ich es."

"Die Musik hat dir geholfen, nicht wahr?" sagte der Mann und setzte sich. "Musik und Worte sind eng miteinander verbunden. Sie erzählen beide Geschichten, nur auf unterschiedliche Weise."

"Das stimmt," sagte Jannik. "Wie heißt du?"

"Ich bin Heinrich," antwortete der Mann. "Und du bist?"

"Jannik," sagte er und reichte ihm die Hand.

"Jannik, es gibt da draußen so viele Geschichten, die darauf warten, erzählt zu werden," sagte Heinrich. "Manchmal braucht man nur eine kleine Erinnerung daran, wo man anfangen soll."

In den folgenden Wochen trafen sich Jannik und Heinrich regelmäßig im Café. Heinrich spielte seine Gitarre, und Jannik schrieb. Die Melodien und die Worte flossen ineinander, und Jannik fand eine neue Freude am Schreiben. Es war, als ob die kalte Stille des Winters die Kreativität in ihm geweckt hatte, die so lange verschüttet gewesen war.

Eines Abends, als der Schnee in großen Flocken fiel und die Stadt in ein stilles, weißes Tuch hüllte, saßen Jannik und Heinrich wieder zusammen. "Du hast etwas Besonderes in deinen Worten," sagte Heinrich. "Etwas, das die Menschen berühren wird."

"Das hoffe ich," antwortete Jannik. "Aber ohne deine Musik hätte ich das nie gefunden."

Heinrich lächelte. "Es ist ein Geben und Nehmen, mein Freund. Jeder braucht ein wenig Inspiration."

Als der Winter langsam in den Frühling überging und die Tage länger und heller wurden, fanden Janniks Geschichten ihren Weg in die Welt. Die Leser waren begeistert von der Tiefe und der Wärme seiner Worte, und Jannik wusste, dass er Heinrich und der Stille des Winters viel zu verdanken hatte.

Eines Tages, als die ersten Blumen des Frühlings blühten, ging Jannik zum Café und fand Heinrich nicht da. Frau Müller sagte ihm, dass der alte Mann weitergezogen sei, auf der Suche nach neuen Geschichten und neuen Melodien.

Jannik war dankbar für die Zeit, die sie gemeinsam verbracht hatten. Er setzte sich an seinen Platz am Fenster und schaute hinaus auf die Straße, die nun von den ersten Sonnenstrahlen des Frühlings erhellt wurde. Er zog sein Notizbuch heraus und begann zu schreiben. Die Worte kamen nun leicht und flüssig, getragen von der Erinnerung an einen Winter und die Musik eines alten Mannes.

Jannik wusste, dass das Leben voller Geschichten war, die nur darauf warteten, erzählt zu werden. Und er war bereit, jede einzelne davon zu entdecken und niederzuschreiben. Der Winter hatte ihn gelehrt, dass in der Stille oft die größten Schätze verborgen liegen.

The Silence of Winter

Winter had Berlin firmly in its grip. The frosty breath of the city lay heavy on the streets, and people pulled their coats tighter to escape the biting wind. Jannik, a man in his prime, walked slowly through the snowy alleys. He was searching for something he couldn't put into words, and the cold seemed to guide him.

He was a writer, but the last few months had been tough. The words no longer came easily, and the stories that once lived vividly in his mind seemed to vanish in the frosty mist of reality. He now spent his days wandering through the city, hoping that something, anything, would inspire him again.

Jannik often found himself in a small café on the edge of Prenzlauer Berg. The café was warm and cozy, a refuge from the biting cold outside. The owner, an elderly woman named Frau Müller, knew him well and always brought him a hot coffee as soon as he walked through the door. This afternoon, the café was almost empty, with only a few regulars and an old man quietly playing a guitar.

Jannik sat at his usual spot by the window and stared out at the snowy street. The world seemed to be in a silent winter sleep, and the only sound was the soft humming of the guitar. It was a melody that stirred something in Jannik, a feeling he hadn't felt in a long time.

He pulled out his notebook and began to write the words that came to mind. It was as if the music opened the floodgates of his mind, and the stories he had carried within him for so long finally found their way onto the paper. The old man continued to play, not looking up, but Jannik knew that this melody was exactly what he had needed.

As evening fell and the guests slowly left, Jannik stayed and continued to write. Frau Müller brought him a hot soup and a friendly smile. "It's good to see you writing again," she said.

Jannik nodded gratefully. "It's this place," he replied. "And the music. They remind me why I started writing in the first place."

Frau Müller smiled and left him alone again. The old man finally packed up his guitar and approached Jannik's table. "You're a writer?" he asked with a rough but friendly voice.

Jannik nodded. "Yes, at least I'm trying to be."

"The music helped you, didn't it?" the man said, sitting down. "Music and words are closely linked. They both tell stories, just in different ways."

"That's true," Jannik said. "What's your name?"

"I'm Heinrich," the man replied. "And you are?"

"Jannik," he said, shaking his hand.

"Jannik, there are so many stories out there waiting to be told," Heinrich said. "Sometimes you just need a little reminder of where to start."

In the following weeks, Jannik and Heinrich met regularly at the café. Heinrich played his guitar, and Jannik wrote. The melodies and words flowed together, and Jannik found a new joy in writing. It was as if the cold silence of winter had awakened the creativity in him that had been buried for so long.

One evening, as the snow fell in large flakes and wrapped the city in a silent, white blanket, Jannik and Heinrich sat together again. "You have something special in your words," Heinrich said. "Something that will touch people."

"I hope so," Jannik replied. "But without your music, I would never have found it."

Heinrich smiled. "It's a give and take, my friend. Everyone needs a little inspiration."

As winter slowly turned into spring and the days grew longer and brighter, Jannik's stories found their way into the world. Readers were captivated by the depth and warmth of his words, and Jannik knew he owed much to Heinrich and the silence of winter.

One day, as the first flowers of spring bloomed, Jannik went to the café and found Heinrich was not there. Frau Müller told him the old man had moved on, searching for new stories and new melodies.

Jannik was grateful for the time they had spent together. He sat at his spot by the window and looked out at the street, now lit by the first rays of spring sunshine. He pulled out his notebook and began to write. The words came easily and fluidly, carried by the memory of a winter and the music of an old man.

Jannik knew that life was full of stories just waiting to be told. And he was ready to discover and write down each one. Winter had taught him that the greatest treasures often lie hidden in silence.

Blumen im Winter

Die Glocke über der Tür klingelte, als Joachim den kleinen Blumenladen betrat. Es war ein kalter, grauer Wintermorgen, und der Kontrast zwischen der frostigen Kälte draußen und der warmen, lebendigen Atmosphäre im Laden war beinahe überwältigend. Der Duft von frischen Blumen erfüllte die Luft, vermischt mit dem subtilen Aroma von feuchter Erde und einem Hauch von Zimt, der aus einer Ecke des Raumes drang.

Joachim war ein Mann von mittlerem Alter, mit einem Gesicht, das die Spuren vieler Jahre und noch mehr Geschichten trug. Er war Schriftsteller, doch in den letzten Monaten hatten die Worte ihn verlassen. Die Inspiration, die einst wie ein endloser Fluss aus ihm geströmt war, war nun versiegt. Auf Anraten eines Freundes war er in diesen Blumenladen gekommen, um sich von der Schönheit und der Farbe der Blumen inspirieren zu lassen.

Hinter dem Tresen stand Frau Meier, eine Frau in den Fünfzigern mit einem freundlichen Lächeln und Händen, die von jahrelanger Arbeit mit Blumen gezeichnet waren. Sie war die Besitzerin des Ladens und bekannt dafür, dass sie jede Blume mit der Sorgfalt und Liebe behandelte, als wäre sie ihr eigenes Kind.

"Guten Morgen," sagte sie, als sie Joachim hereinkommen sah. "Kann ich Ihnen helfen?"

"Ich weiß es nicht genau," antwortete Joachim ehrlich. "Ein Freund hat mir geraten, hierherzukommen. Ich bin Schriftsteller, aber ich habe in letzter Zeit Schwierigkeiten, zu schreiben."

Frau Meier nickte verständnisvoll. "Blumen haben eine Art, uns zu inspirieren, wenn wir es am wenigsten erwarten. Vielleicht finden Sie hier, was Sie suchen."

Joachim nickte und begann, durch den Laden zu schlendern. Die Farben und Düfte der verschiedenen Blumen waren überwältigend. Es gab Rosen in allen möglichen Schattierungen, von tiefem Rot bis hin zu zartem Rosa, Lilien, die stolz ihre Blüten präsentierten, und Gänseblümchen, die fröhlich in kleinen Töpfen wippten.

Sein Blick fiel auf eine einzelne Blume, die in einem Glasgefäß in der Mitte des Raumes stand. Es war eine seltene Orchidee, ihre Blütenblätter von einem tiefen Violett, das fast schwarz wirkte. Etwas an dieser Blume fesselte Joachim, und er konnte den Blick nicht abwenden.

"Das ist eine sehr besondere Orchidee," sagte Frau Meier, die neben ihm aufgetaucht war. "Sie blüht nur einmal im Jahr, und ihre Blüten halten nur wenige Tage. Aber in dieser kurzen Zeit ist sie eine der schönsten Blumen, die man je sehen wird."

"Sie ist wunderschön," sagte Joachim leise. "Fast wie ein Gedicht."

Frau Meier lächelte. "Vielleicht kann sie Ihnen helfen, Ihre Worte wiederzufinden."

Joachim verbrachte den gesamten Vormittag im Laden, beobachtete die Blumen und machte sich Notizen. Die Farben und Formen der Blüten begannen, Bilder und Szenen in seinem Kopf zu erzeugen. Er stellte sich Geschichten vor, die jede Blume erzählte, die Reise, die sie vom Samen bis zur Blüte durchgemacht hatte. Die Inspiration kehrte langsam zurück, und er spürte, wie die Worte wieder zu fließen begannen.

Am nächsten Tag kam Joachim wieder in den Laden. Diesmal hatte er ein Notizbuch dabei, und er setzte sich in eine Ecke, um zu schreiben. Frau Meier ließ ihn in Ruhe, ab und zu brachte sie ihm eine Tasse Tee oder eine besondere Blume, die sie ihm zeigte. Joachim schrieb und schrieb, und die Geschichten, die er auf das Papier brachte, waren voller Leben und Farbe, inspiriert von den Blumen um ihn herum.

Eines Nachmittags, als er gerade tief in seine Arbeit vertieft war, betrat eine junge Frau den Laden. Sie war in einen dicken Mantel gehüllt, ihr Gesicht von der Kälte gerötet. Sie schien nervös und unsicher, als sie sich umsah.

Frau Meier ging auf sie zu und fragte freundlich, ob sie helfen könne. Die junge Frau erklärte, dass sie Blumen für ihre Mutter suchte, die im Krankenhaus lag. Sie wollte etwas Besonderes, etwas, das Hoffnung und Trost spenden konnte.

Joachim hörte ihrem Gespräch zu und fühlte sich von der Geschichte der jungen Frau berührt. Er dachte an die Orchidee, die ihn so inspiriert hatte, und wusste, dass sie genau das Richtige war.

"Entschuldigen Sie," sagte er, als er sich dem Tresen näherte. "Vielleicht könnte diese Orchidee das Richtige sein. Sie ist selten und wunderschön, und sie blüht nur für kurze Zeit. Aber in dieser Zeit ist sie ein Zeichen der Hoffnung und der Schönheit."

Die junge Frau sah die Orchidee an und Tränen traten in ihre Augen. "Sie ist perfekt," sagte sie leise. "Vielen Dank."

Frau Meier bereitete die Orchidee für den Transport vor, und die junge Frau bedankte sich noch einmal, bevor sie ging. Joachim fühlte sich, als hätte er etwas Bedeutendes getan, und die Inspiration, die er in den letzten Tagen gefunden hatte, wuchs weiter.

In den folgenden Wochen wurde der Blumenladen zu Joachims zweitem Zuhause. Er schrieb jeden Tag dort, umgeben von den Farben und Düften, die seine Kreativität beflügelten. Die Geschichten flossen aus ihm heraus, und er fühlte sich lebendiger und inspirierter als je zuvor.

Frau Meier wurde eine enge Freundin, und die beiden teilten viele Gespräche über das Leben, die Liebe und die Schönheit der Natur. Sie erzählte ihm Geschichten über die Blumen, die sie verkaufte, über die Menschen, die in ihren Laden kamen, und über die kleinen Wunder des Alltags.

Eines Tages, als der Frühling langsam den Winter verdrängte und die ersten Knospen an den Bäumen erschienen, kam Joachim in den Laden und fand eine neue Lieferung von Blumen vor. Darunter war eine neue Orchidee, ähnlich der, die er der jungen Frau empfohlen hatte. Ihre Blüten waren von einem tiefen Blau, das an den Himmel an einem klaren Wintertag erinnerte.

"Sie ist wunderschön," sagte Joachim, als er die Blume betrachtete.

"Das ist sie," antwortete Frau Meier. "Und sie ist ein Zeichen dafür, dass der Frühling naht und neues Leben entsteht."

Joachim lächelte und fühlte eine Welle der Zufriedenheit. Er wusste, dass er seine Worte wiedergefunden hatte und dass die Inspiration ihn nie wieder verlassen würde. Die Blumen hatten ihm gezeigt, dass die Schönheit und die Geschichten des Lebens überall um uns herum sind, wenn wir nur bereit sind, sie zu sehen.

Und so schrieb Joachim weiter, seine Geschichten erfüllt von der Farbenpracht und der Lebendigkeit der Blumen. Der Blumenladen blieb ein Ort der Inspiration und der Zuflucht, und Joachim wusste, dass er immer dorthin zurückkehren konnte, wenn er die Verbindung zu seinen Worten und seiner Kreativität brauchte.

Flowers in Winter

The bell above the door chimed as Joachim entered the small flower shop. It was a cold, gray winter morning, and the contrast between the frosty chill outside and the warm, vibrant atmosphere inside the shop was almost overwhelming. The scent of fresh flowers filled the air, mixed with the subtle aroma of moist earth and a hint of cinnamon coming from a corner of the room.

Joachim was a middle-aged man with a face marked by many years and even more stories. He was a writer, but in recent months, the words had left him. The inspiration that once flowed from him like an endless river had dried up. On the advice of a friend, he had come to this flower shop to seek inspiration from the beauty and color of the flowers.

Behind the counter stood Frau Meier, a woman in her fifties with a friendly smile and hands marked by years of working with flowers. She was the owner of the shop and known for treating every flower with the care and love as if it were her own child.

"Good morning," she said as she saw Joachim enter. "Can I help you?"

"I'm not sure," Joachim replied honestly. "A friend suggested I come here. I'm a writer, but I've been having trouble writing lately."

Frau Meier nodded understandingly. "Flowers have a way of inspiring us when we least expect it. Maybe you'll find what you're looking for here."

Joachim nodded and began to wander through the shop. The colors and scents of the different flowers were overwhelming. There were roses in every shade imaginable, from deep red to delicate pink, lilies proudly displaying their blooms, and daisies cheerfully bobbing in small pots.

His gaze fell on a single flower standing in a glass container in the center of the room. It was a rare orchid, its petals a deep violet that looked almost black. Something about this flower captivated Joachim, and he couldn't look away.

"That's a very special orchid," said Frau Meier, who had appeared beside him. "It blooms only once a year, and its flowers last only a few days. But during that short time, it is one of the most beautiful flowers you will ever see."

"It's beautiful," Joachim said quietly. "Almost like a poem."

Frau Meier smiled. "Maybe it can help you find your words again."

Joachim spent the entire morning in the shop, observing the flowers and taking notes. The colors and shapes of the blooms began to create images and scenes in his mind. He imagined stories each flower told, the journey it had

taken from seed to blossom. The inspiration slowly returned, and he felt the words beginning to flow again.

The next day, Joachim returned to the shop. This time, he brought a notebook and sat in a corner to write. Frau Meier left him alone, occasionally bringing him a cup of tea or showing him a special flower. Joachim wrote and wrote, and the stories he put on paper were full of life and color, inspired by the flowers around him.

One afternoon, as he was deeply immersed in his work, a young woman entered the shop. She was bundled up in a thick coat, her face reddened by the cold. She seemed nervous and unsure as she looked around.

Frau Meier approached her and asked kindly if she could help. The young woman explained that she was looking for flowers for her mother, who was in the hospital. She wanted something special, something that could bring hope and comfort.

Joachim listened to their conversation and felt touched by the young woman's story. He thought of the orchid that had so inspired him and knew it was just the right thing.

"Excuse me," he said as he approached the counter. "Perhaps this orchid would be perfect. It is rare and beautiful, and it blooms only for a short time. But during that time, it is a symbol of hope and beauty."

The young woman looked at the orchid, and tears came to her eyes. "It's perfect," she said quietly. "Thank you."

Frau Meier prepared the orchid for transport, and the young woman thanked them again before she left. Joachim felt as if he had done something significant, and the inspiration he had found in recent days continued to grow.

In the following weeks, the flower shop became Joachim's second home. He wrote there every day, surrounded by the colors and scents that fueled his creativity. The stories flowed from him, and he felt more alive and inspired than ever before.

Frau Meier became a close friend, and they shared many conversations about life, love, and the beauty of nature. She told him stories about the flowers she sold, the people who came into her shop, and the little miracles of everyday life.

One day, as spring slowly replaced winter and the first buds appeared on the trees, Joachim came to the shop and found a new delivery of flowers. Among them was a new orchid, similar to the one he had recommended to the young woman. Its blooms were a deep blue, reminiscent of the sky on a clear winter day.

"It's beautiful," Joachim said as he looked at the flower.

"It is," Frau Meier replied. "And it's a sign that spring is coming and new life is beginning."

Joachim smiled and felt a wave of contentment. He knew he had found his words again and that the inspiration would never leave him. The flowers had shown him that the beauty and stories of life are all around us if we are only willing to see them.

And so Joachim continued to write, his stories filled with the vibrancy and color of the flowers. The flower shop remained a place of inspiration and refuge, and Joachim knew he could

always return there whenever he needed to reconnect with his
words and creativity.

Die Wellen des Lebens

Jakob saß auf dem hölzernen Steg und schaute hinaus auf das endlose Blau des Meeres. Die Sonne stand hoch am Himmel, und die warmen Strahlen wärmten sein Gesicht, während die sanften Wellen leise gegen die Ufersteine plätscherten. Er hatte viele Sommer an diesem Ort verbracht, ein kleines Fischerdorf an der Küste, weit weg vom Trubel der Stadt. Hier fand er immer Ruhe und Inspiration.

In den letzten Monaten hatte Jakob jedoch eine Schreibblockade erlebt. Die Worte, die einst wie ein unaufhaltsamer Fluss aus ihm strömten, waren versiegt. Der Druck, sein nächstes Buch zu schreiben, lastete schwer auf ihm, doch die Ideen kamen nicht. Er hoffte, dass die Ruhe und die Schönheit des Meeres ihm helfen würden, seine Kreativität wiederzufinden.

Das Dorf war ruhig und friedlich. Die Fischer waren am Morgen ausgefahren und würden erst am späten Nachmittag zurückkehren. Jakob liebte es, ihnen zuzusehen, wie sie ihre Netze auswarfen und mit ihrem Fang zurückkehrten. Es war eine einfache, aber erfüllende Art zu leben, und manchmal wünschte er sich, er könnte sein eigenes Leben genauso einfach gestalten.

Als die Sonne begann, langsam im Westen zu sinken, erhob sich Jakob und ging zurück zum kleinen Haus, das er für den Sommer gemietet hatte. Es lag direkt am Strand, und der Blick auf das Meer war atemberaubend. Er setzte sich auf die Veranda, zog sein Notizbuch hervor und begann zu schreiben. Die Worte kamen zunächst zögerlich, aber dann, wie von selbst, begannen sie zu fließen.

Er schrieb über das Meer, über die Fischer und ihre Geschichten, die er im Laufe der Jahre gehört hatte. Die Erzählungen waren einfach, aber voller Leben und Emotionen. Jakob verlor sich in seiner Arbeit, und bevor er es bemerkte, war die Nacht hereingebrochen. Das Rauschen der Wellen und das entfernte Rufen der Möwen waren die einzigen Geräusche, die die Stille durchbrachen.

Am nächsten Morgen weckte ihn das sanfte Licht der Morgensonne. Jakob beschloss, einen Spaziergang entlang der Küste zu machen. Er liebte die frühen Morgenstunden, wenn das Dorf noch schlief und nur das Meer und er wach waren. Er ging barfuß durch den nassen Sand, fühlte das kühle Wasser um seine Füße und atmete die salzige Luft tief ein.

In der Ferne sah er eine Gestalt, die sich langsam auf ihn zubewegte. Als sie näher kam, erkannte er, dass es eine Frau war. Sie trug ein einfaches weißes Kleid, das im Wind flatterte, und hatte lange, dunkle Haare, die ihr über die Schultern fielen. Sie lächelte, als sie sich näherten.

"Guten Morgen," sagte sie freundlich.

"Guten Morgen," erwiderte Jakob. "Sind Sie aus dem Dorf?"

"Nein, ich bin nur zu Besuch," antwortete sie. "Ich heiße Anna."

"Ich bin Jakob," sagte er und reichte ihr die Hand. "Was führt Sie hierher?"

"Ich liebe das Meer," antwortete Anna. "Es gibt mir Frieden und Klarheit."

"Das kann ich gut verstehen," sagte Jakob. "Ich bin Schriftsteller, und ich komme oft hierher, um Inspiration zu finden."

"Und haben Sie sie gefunden?" fragte Anna neugierig.

"Vielleicht," antwortete Jakob und lächelte. "Ich denke, das Meer hat eine besondere Art, uns zu zeigen, was wirklich wichtig ist."

Die beiden gingen zusammen weiter, sprachen über das Leben, ihre Träume und die kleinen Dinge, die sie glücklich machten. Jakob fühlte eine tiefe Verbindung zu Anna, als hätten sie sich schon ihr ganzes Leben gekannt. Die Zeit verging wie im Flug, und bevor sie es bemerkten, war es Mittag geworden.

"Wollen Sie mit mir etwas essen?" fragte Jakob. "Ich kenne ein kleines Café im Dorf, das den besten Fisch serviert."

Anna stimmte zu, und sie gingen zusammen ins Dorf. Das Café war klein und gemütlich, und der Besitzer, ein alter Fischer namens Hans, begrüßte sie herzlich. Sie setzten sich an einen Tisch am Fenster mit Blick auf das Meer, und Jakob bestellte für sie beide.

Während sie aßen, erzählte Anna von ihrem Leben in der Stadt, von ihren Träumen und ihren Ängsten. Jakob hörte aufmerksam zu und erzählte ihr von seiner Schreibblockade und seiner Suche nach Inspiration. Anna verstand ihn, und ihre Gespräche gaben ihm neue Perspektiven und Ideen.

Die Tage vergingen, und Jakob und Anna verbrachten viel Zeit miteinander. Sie gingen spazieren, schwammen im Meer und saßen abends auf der Veranda und schauten in die Sterne. Jakob schrieb jeden Tag, inspiriert von Annas Anwesenheit und den Geschichten, die das Meer ihm erzählte.

Eines Abends, als sie am Strand saßen und den Sonnenuntergang betrachteten, nahm Jakob Annas Hand. "Du hast mir mehr geholfen, als du dir vorstellen kannst," sagte er leise. "Du und das Meer, ihr habt mir meine Worte zurückgegeben."

Anna lächelte und drückte seine Hand. "Manchmal brauchen wir nur jemanden, der uns daran erinnert, wer wir wirklich sind," sagte sie.

Der Sommer neigte sich dem Ende zu, und Jakob wusste, dass es bald Zeit war, ins Stadtleben zurückzukehren. Doch er fühlte sich bereit. Er hatte genug geschrieben, um sein neues Buch zu füllen, und seine Inspiration war stärker als je zuvor.

Am letzten Tag ihres Aufenthalts gingen Jakob und Anna noch einmal zum Steg. Sie standen dort, Hand in Hand, und schauten hinaus auf das Meer. "Ich werde diesen Ort und diese Zeit mit dir niemals vergessen," sagte Jakob.

"Ich auch nicht," antwortete Anna. "Das Meer hat uns zusammengebracht, und ich werde immer dankbar dafür sein."

Sie verabschiedeten sich, und Jakob kehrte in die Stadt zurück, bereit, sein neues Buch zu vollenden. Er schrieb mit einer neuen Energie und einer Klarheit, die er lange nicht gespürt hatte. Seine Geschichten waren erfüllt von der Schönheit und der

Ruhe des Meeres und der Erinnerung an die Frau, die ihm geholfen hatte, seine Inspiration wiederzufinden.

Anna blieb noch eine Weile im Dorf, genoss die letzten warmen Tage des Sommers und das Rauschen der Wellen. Sie wusste, dass auch sie eine Reise begonnen hatte, eine Reise zu sich selbst und zu den Dingen, die wirklich wichtig waren.

Und so gingen die Tage weiter, das Meer rauschte weiter, und die Geschichten, die es erzählte, lebten in den Herzen derer, die ihnen lauschten. Jakob und Anna blieben in Kontakt, schrieben sich Briefe und teilten ihre Erlebnisse und Gedanken. Ihre Verbindung war tief und ehrlich, geprägt von der Zeit, die sie zusammen am Meer verbracht hatten.

Jakob vollendete sein Buch, und es wurde ein großer Erfolg. Die Leser waren begeistert von der Tiefe und der Emotion in seinen Geschichten, und er wusste, dass er dies Anna und dem Meer zu verdanken hatte. Die Kritiker lobten seine neue Klarheit und die Lebendigkeit seiner Beschreibungen, und Jakob fühlte sich, als hätte er endlich seinen wahren Stil gefunden.

Eines Tages erhielt er einen Brief von Anna. Sie schrieb, dass sie beschlossen hatte, in das Dorf zu ziehen und ein kleines Geschäft zu eröffnen, in dem sie handgefertigte Schmuckstücke und Kunstwerke verkaufen würde. Sie lud ihn ein, sie zu besuchen, und Jakob wusste, dass er die Einladung annehmen würde.

Als er wieder im Dorf ankam, fühlte es sich an wie ein Nachhausekommen. Anna begrüßte ihn mit einem strahlenden Lächeln, und sie verbrachten die nächsten Tage damit, das Dorf und die Küste zu erkunden, als hätten sie nie aufgehört, dort zu leben.

Das Meer rauschte weiter, erzählte seine alten Geschichten und flüsterte neue Geheimnisse. Jakob und Anna wussten, dass sie immer einen Ort hatten, an den sie zurückkehren konnten, einen Ort, der sie inspirierte und ihnen Frieden schenkte.

Und so lebten sie, nah am Meer, ihre Herzen erfüllt von den Wellen des Lebens und den Geschichten, die sie erzählten. Die Sonne ging auf und unter, das Meer rauschte weiter, und die Worte flossen wie das Wasser, immer in Bewegung, immer lebendig.

The Waves of Life

Jakob sat on the wooden pier and looked out at the endless blue of the sea. The sun was high in the sky, and its warm rays warmed his face, while the gentle waves quietly lapped against the shore stones. He had spent many summers in this place, a small fishing village on the coast, far from the hustle and bustle of the city. Here, he always found peace and inspiration.

In recent months, however, Jakob had experienced writer's block. The words that once flowed from him like an unstoppable river had dried up. The pressure to write his next book weighed heavily on him, but the ideas did not come. He hoped that the tranquility and beauty of the sea would help him rediscover his creativity.

The village was quiet and peaceful. The fishermen had gone out in the morning and would not return until late afternoon. Jakob loved watching them cast their nets and return with their catch. It was a simple but fulfilling way of life, and sometimes he wished he could make his own life just as simple.

As the sun began to slowly set in the west, Jakob got up and walked back to the small house he had rented for the summer. It was right on the beach, and the view of the sea was breathtaking. He sat on the porch, pulled out his notebook, and began to write. The words came hesitantly at first, but then, as if on their own, they began to flow.

He wrote about the sea, about the fishermen and their stories he had heard over the years. The tales were simple but full of life and emotion. Jakob lost himself in his work, and before he realized it, night had fallen. The sound of the waves and the distant calls of the seagulls were the only noises that broke the silence.

The next morning, he was awakened by the gentle light of the morning sun. Jakob decided to take a walk along the coast. He loved the early hours of the morning when the village was still asleep, and only the sea and he were awake. He walked barefoot through the wet sand, feeling the cool water around his feet and breathing in the salty air deeply.

In the distance, he saw a figure slowly approaching him. As she came closer, he realized it was a woman. She wore a simple white dress that fluttered in the wind and had long, dark hair that fell over her shoulders. She smiled as they neared each other.

"Good morning," she said kindly.

"Good morning," Jakob replied. "Are you from the village?"

"No, I'm just visiting," she answered. "My name is Anna."

"I'm Jakob," he said, shaking her hand. "What brings you here?"

"I love the sea," Anna replied. "It gives me peace and clarity."

"I understand that well," said Jakob. "I'm a writer, and I often come here to find inspiration."

"And have you found it?" Anna asked curiously.

"Maybe," Jakob replied with a smile. "I think the sea has a special way of showing us what really matters."

They continued walking together, talking about life, their dreams, and the little things that made them happy. Jakob felt a deep connection to Anna, as if they had known each other their entire lives. Time flew by, and before they knew it, it was noon.

"Would you like to have lunch with me?" Jakob asked. "I know a small café in the village that serves the best fish."

Anna agreed, and they went to the village together. The café was small and cozy, and the owner, an old fisherman named Hans, greeted them warmly. They sat at a table by the window overlooking the sea, and Jakob ordered for both of them.

As they ate, Anna talked about her life in the city, her dreams, and her fears. Jakob listened attentively and told her about his writer's block and his search for inspiration. Anna understood him, and their conversations gave him new perspectives and ideas.

The days passed, and Jakob and Anna spent a lot of time together. They walked, swam in the sea, and sat on the porch in the evenings, gazing at the stars. Jakob wrote every day, inspired by Anna's presence and the stories the sea told him.

One evening, as they sat on the beach watching the sunset, Jakob took Anna's hand. "You have helped me more than you can imagine," he said quietly. "You and the sea have given me my words back."

Anna smiled and squeezed his hand. "Sometimes we just need someone to remind us who we really are," she said.

Summer was coming to an end, and Jakob knew it was almost time to return to city life. But he felt ready. He had written enough to fill his new book, and his inspiration was stronger than ever.

On the last day of their stay, Jakob and Anna went to the pier one more time. They stood there, hand in hand, looking out at the sea. "I will never forget this place and this time with you," Jakob said.

"Nor will I," Anna replied. "The sea brought us together, and I will always be grateful for that."

They said their goodbyes, and Jakob returned to the city, ready to finish his new book. He wrote with new energy and clarity he hadn't felt in a long time. His stories were filled with the beauty and tranquility of the sea and the memory of the woman who had helped him rediscover his inspiration.

Anna stayed in the village for a while, enjoying the last warm days of summer and the sound of the waves. She knew that she, too, had started a journey, a journey to herself and the things that really mattered.

And so the days went on, the sea continued to roar, and the stories it told lived in the hearts of those who listened. Jakob and Anna stayed in touch, writing letters and sharing their experiences and thoughts. Their connection was deep and genuine, shaped by the time they had spent together by the sea.

Jakob finished his book, and it became a great success. Readers were captivated by the depth and emotion in his stories, and he knew he owed it to Anna and the sea. Critics praised his new clarity and the vibrancy of his descriptions, and Jakob felt he had finally found his true style.

One day, he received a letter from Anna. She wrote that she had decided to move to the village and open a small shop where she would sell handmade jewelry and artwork. She invited him to visit her, and Jakob knew he would accept the invitation.

When he returned to the village, it felt like coming home. Anna greeted him with a radiant smile, and they spent the next few days exploring the village and the coast as if they had never stopped living there.

The sea continued to roar, telling its old stories and whispering new secrets. Jakob and Anna knew they always had a place to return to, a place that inspired and gave them peace.

And so they lived, close to the sea, their hearts filled with the waves of life and the stories they told. The sun rose and set, the sea continued to roar, and the words flowed like the water, always in motion, always alive.

Sturm der Erinnerungen

Der Himmel war eine undurchdringliche Masse aus dunklen Wolken, die über das kleine Dorf zogen. Die ersten schweren Tropfen fielen, als Jan die Tür seines alten Hauses zuschlug. Er liebte Gewitter. Sie hatten etwas Reinigendes, etwas, das die Luft klärte und die Gedanken sortierte. Doch dieses Gewitter war anders. Es trug eine Last in sich, die schwer auf Jans Seele lag.

Er ging durch den Flur in die Küche, wo das Fenster zum Garten weit offen stand. Der Wind blies durch den Raum, riss an den Vorhängen und trug den Geruch von Regen und Erde mit sich. Jan zog das Fenster zu, blieb aber einen Moment stehen, um dem Prasseln des Regens zuzuhören.

Sein Blick fiel auf das alte Radio auf dem Küchentisch. Es war ein Relikt aus einer anderen Zeit, ein Erbstück von seinem Großvater. Er drehte den Knopf und lauschte dem Knistern und Rauschen, bevor eine klare Stimme den Raum erfüllte. Nachrichten von einem nahenden Unwetter, Warnungen, sich in Sicherheit zu bringen. Jan schaltete das Radio aus. Er hatte genug von Warnungen und Nachrichten.

Er ging ins Wohnzimmer und setzte sich auf das alte Ledersofa. Es knarrte unter seinem Gewicht, und er lehnte sich zurück, schloss die Augen und lauschte dem Donner, der in der Ferne grollte. Die Erinnerungen kamen zurück, getragen von den Klängen des Sturms.

Es war Jahre her, dass er Ada das letzte Mal gesehen hatte. Sie hatten sich in einer ähnlichen Nacht kennengelernt, in einem Café am Rande der Stadt. Der Regen hatte gegen die Fenster gepeitscht, und das dumpfe Donnern hatte die Gespräche gedämpft. Ada war hereingekommen, nass bis auf die Haut, und hatte sich neben ihn an die Bar gesetzt. Sie hatten sich unterhalten, erst zögerlich, dann immer lebhafter, als der Sturm draußen wütete.

Er erinnerte sich an ihr Lachen, an die Art, wie sie ihn ansah, als würde sie seine Seele lesen können. Sie hatten die Nacht zusammen verbracht, in diesem kleinen Café, während draußen der Sturm tobte. Es war der Anfang einer intensiven, aber kurzen Liebesgeschichte gewesen. Ada war wie ein Sturm in sein Leben gekommen und hatte es genauso schnell wieder verlassen.

Ein greller Blitz erhellte den Raum, gefolgt von einem ohrenbetäubenden Donner. Jan öffnete die Augen und sah, dass der Regen nun in Strömen fiel. Er stand auf und ging wieder zur Küche, schenkte sich ein Glas Whisky ein und nahm einen tiefen Schluck. Der Alkohol brannte angenehm in seiner Kehle und beruhigte seine Nerven.

Plötzlich hörte er ein Klopfen an der Tür. Er runzelte die Stirn. Wer würde bei einem solchen Wetter nach draußen gehen? Er stellte das Glas ab und ging zur Tür. Als er sie öffnete, stand da eine Gestalt, durchnässt und zitternd.

"Ada?" Seine Stimme war kaum mehr als ein Flüstern.

"Jan." Ihr Lächeln war schwach, aber es war da. "Darf ich reinkommen?"

Er trat zur Seite, und sie trat ein, tropfend auf den Holzboden. Jan schloss die Tür und reichte ihr ein Handtuch. "Was machst du hier?"

"Ich weiß es nicht genau," antwortete sie, während sie sich abtrocknete. "Ich bin gefahren, und irgendwie bin ich hier gelandet."

"Nach all den Jahren?" fragte er ungläubig.

"Ja, nach all den Jahren," sagte sie leise und setzte sich auf einen der Küchenstühle. "Ich konnte dich nie vergessen, Jan. Nicht wirklich."

Jan nahm sein Glas und setzte sich ihr gegenüber. "Ich auch nicht," gestand er. "Du warst immer in meinen Gedanken."

Sie sahen sich eine Weile schweigend an, das Donnern und Rauschen des Sturms als einziges Geräusch um sie herum. Dann erzählte Ada von den Jahren, die vergangen waren, von den Orten, die sie besucht hatte, und den Menschen, die sie getroffen hatte. Jan hörte zu, ab und zu einen Schluck Whisky nehmend, und fühlte, wie alte Wunden langsam heilten.

Die Stunden vergingen, und der Sturm draußen ließ allmählich nach. Der Regen prasselte noch immer, aber das Donnern war weiter entfernt, und die Blitze waren seltener geworden. Ada und Jan redeten weiter, lachten, weinten, und fanden Trost in der Gegenwart des anderen.

Als der Morgen dämmerte und das erste Licht des Tages durch die Wolken brach, fühlte sich die Welt wie neu an. Der Sturm hatte die Luft gereinigt, und mit ihm auch ihre Seelen. Jan und

Ada saßen immer noch am Küchentisch, ihre Hände ineinander verschlungen, und wussten, dass dies ein Neuanfang war.

Storm of Memories

The sky was an impenetrable mass of dark clouds moving over the small village. The first heavy drops fell as Jan slammed the door of his old house shut. He loved thunderstorms. They had something cleansing, something that cleared the air and sorted out thoughts. But this storm was different. It carried a weight that lay heavy on Jan's soul.

He walked down the hallway to the kitchen, where the window to the garden was wide open. The wind blew through the room, tugging at the curtains and bringing with it the smell of rain and earth. Jan closed the window but stood for a moment to listen to the patter of the rain.

His gaze fell on the old radio on the kitchen table. It was a relic from another time, an heirloom from his grandfather. He turned the knob and listened to the crackling and static before a clear voice filled the room. News of an approaching storm, warnings to seek shelter. Jan turned off the radio. He had had enough of warnings and news.

He went to the living room and sat on the old leather sofa. It creaked under his weight, and he leaned back, closed his eyes, and listened to the thunder rumbling in the distance. The memories came back, carried by the sounds of the storm.

It had been years since he last saw Ada. They had met on a similar night, in a café on the outskirts of the city. The rain had pounded against the windows, and the muffled thunder had dampened the conversations. Ada had come in, soaked to the skin, and sat next to him at the bar. They had talked, first hesitantly, then more and more lively as the storm raged outside.

He remembered her laugh, the way she looked at him as if she could read his soul. They had spent the night together in that little café while the storm raged outside. It had been the beginning of an intense but short love affair. Ada had come into his life like a storm and left just as quickly.

A bright flash of lightning lit up the room, followed by a deafening clap of thunder. Jan opened his eyes and saw that the rain was now pouring down. He got up and went back to the kitchen, poured himself a glass of whiskey, and took a deep sip. The alcohol burned pleasantly in his throat and calmed his nerves.

Suddenly he heard a knock at the door. He frowned. Who would go out in such weather? He put the glass down and went to the door. When he opened it, there stood a figure, drenched and shivering.

"Ada?" His voice was barely more than a whisper.

"Jan." Her smile was weak, but it was there. "May I come in?"

He stepped aside, and she entered, dripping on the wooden floor. Jan closed the door and handed her a towel. "What are you doing here?"

"I don't know exactly," she replied as she dried herself off. "I was driving, and somehow I ended up here."

"After all these years?" he asked incredulously.

"Yes, after all these years," she said quietly and sat down on one of the kitchen chairs. "I could never really forget you, Jan."

Jan took his glass and sat across from her. "Neither could I," he admitted. "You were always on my mind."

They looked at each other in silence for a while, the thunder and patter of the storm the only sounds around them. Then Ada told him about the years that had passed, the places she had visited, and the people she had met. Jan listened, occasionally taking a sip of whiskey, and felt old wounds slowly healing.

The hours passed, and the storm outside gradually subsided. The rain still pattered, but the thunder was more distant, and the lightning was less frequent. Ada and Jan kept talking, laughing, crying, and finding comfort in each other's presence.

As dawn broke and the first light of day pierced the clouds, the world felt new. The storm had cleared the air, and with it their souls. Jan and Ada still sat at the kitchen table, their hands intertwined, knowing that this was a new beginning.

Die letzte Arie

Sofie stand hinter der Bühne und lauschte dem Applaus, der durch die Wände des alten Opernhauses hallte. Es war eine vertraute Szene, eine, die sie tausendmal erlebt hatte. Doch heute fühlte es sich anders an. Es war die letzte Vorstellung der Saison und vielleicht die letzte ihrer Karriere. Die Jahre hatten ihre Spuren hinterlassen, und obwohl ihre Stimme noch kraftvoll war, spürte sie die Müdigkeit in ihren Knochen.

Sie strich über das weiche Material ihres Kostüms und atmete tief ein. Der Duft von Schminke und Puder war beruhigend, vertraut. Sie schloss die Augen und erinnerte sich an die Anfänge, an die kleine Bühne in ihrer Heimatstadt, an die ersten Auftritte, die ersten Erfolge. Sie hatte so viel erreicht, so viele Bühnen der Welt gesehen, doch jetzt war sie an einem Punkt angekommen, an dem sie sich fragte, ob all dies noch Sinn machte.

Die Tür zu ihrer Garderobe öffnete sich, und ihre beste Freundin und Pianistin, Clara, trat ein. "Bist du bereit, Sofie?" fragte sie leise.

Sofie öffnete die Augen und lächelte. "Ja, ich bin bereit."

Clara nickte und reichte ihr ein Glas Wasser. "Du wirst großartig sein, wie immer."

"Danke, Clara." Sofie nahm einen Schluck und stellte das Glas auf den Tisch. "Lass uns das machen."

Zusammen gingen sie den schmalen Korridor entlang zur Bühne. Das Orchester stimmte die letzten Instrumente, und die Spannung in der Luft war greifbar. Sofie liebte diesen Moment, die Sekunden bevor sie die Bühne betrat, das Kribbeln in ihrem Magen, das Adrenalin, das durch ihre Adern floss.

Dann war es soweit. Die Scheinwerfer gingen an, das Orchester setzte ein, und sie trat auf die Bühne. Der Applaus begrüßte sie, und für einen Moment fühlte sie sich wieder jung, unbesiegbar. Sie schloss die Augen, hob die Arme und begann zu singen.

Ihre Stimme füllte den Raum, jede Note war perfekt, jeder Ton klar und kraftvoll. Sie sang mit einer Leidenschaft, die sie schon lange nicht mehr gespürt hatte. Es war, als würde sie sich selbst und der Welt beweisen wollen, dass sie noch immer die große Diva war, die sie einmal gewesen war.

Die Arien flossen ineinander, und Sofie verlor sich in der Musik. Die Welt außerhalb der Bühne verschwand, es gab nur noch sie, die Musik und das Publikum. Sie gab alles, jede Emotion, jede Erinnerung, jede Freude und jedes Leid.

Als das letzte Stück begann, eine Arie, die ihr besonders am Herzen lag, spürte sie Tränen in ihren Augen. Es war die Arie, mit der sie vor vielen Jahren ihren Durchbruch gefeiert hatte. Die Erinnerungen strömten zurück, und mit ihnen die Gefühle von damals. Sie sang die letzten Töne, und die Welt stand still.

Der Applaus brach los, laut und überwältigend. Sofie verbeugte sich tief, Tränen liefen ihr über das Gesicht. Es war der perfekte Abschluss, der perfekte Moment. Sie wusste, dass dies das letzte

Mal sein würde, dass sie hier stand, aber es war in Ordnung. Sie hatte alles gegeben, und sie war bereit, Abschied zu nehmen.

Hinter der Bühne fiel Clara ihr in die Arme. "Das war unglaublich, Sofie."

"Danke, Clara." Sofie lächelte durch die Tränen. "Ich könnte das nicht ohne dich tun."

"Und was wirst du jetzt tun?" fragte Clara.

Sofie atmete tief ein. "Ich weiß es nicht. Aber ich denke, es ist Zeit, ein neues Kapitel zu beginnen."

"Du wirst immer eine großartige Sängerin sein, egal was du tust."

"Danke." Sofie nahm Claras Hand und drückte sie. "Lass uns gehen. Es gibt eine Welt da draußen, die darauf wartet, entdeckt zu werden."

Zusammen verließen sie das Opernhaus, die Lichter der Stadt funkelten in der Ferne. Sofie fühlte sich leicht, befreit. Die Zukunft war ungewiss, aber sie hatte keine Angst. Sie hatte die Bühne verlassen, aber die Musik würde immer in ihrem Herzen bleiben.

Die Nachtluft war kühl und frisch, und Sofie atmete tief ein. Es war ein neuer Anfang, eine neue Reise. Und egal wohin sie gehen würde, sie wusste, dass die Musik immer ein Teil von ihr sein würde.

The Last Aria

Sofie stood backstage, listening to the applause echoing through the walls of the old opera house. It was a familiar scene, one she had experienced a thousand times. But today it felt different. It was the last performance of the season and perhaps the last of her career. The years had taken their toll, and although her voice was still powerful, she felt the fatigue in her bones.

She stroked the soft material of her costume and took a deep breath. The scent of makeup and powder was comforting, familiar. She closed her eyes and remembered the beginnings, the small stage in her hometown, the first performances, the first successes. She had achieved so much, seen so many stages of the world, but now she was at a point where she wondered if it all still made sense.

The door to her dressing room opened, and her best friend and pianist, Clara, entered. "Are you ready, Sofie?" she asked softly.

Sofie opened her eyes and smiled. "Yes, I'm ready."

Clara nodded and handed her a glass of water. "You will be amazing, as always."

"Thank you, Clara." Sofie took a sip and placed the glass on the table. "Let's do this."

Together they walked down the narrow corridor to the stage. The orchestra was tuning the last instruments, and the tension in the air was palpable. Sofie loved this moment, the seconds before she stepped onto the stage, the butterflies in her stomach, the adrenaline rushing through her veins.

Then it was time. The spotlights came on, the orchestra began, and she stepped onto the stage. The applause greeted her, and for a moment she felt young again, invincible. She closed her eyes, raised her arms, and began to sing.

Her voice filled the room, every note perfect, every tone clear and powerful. She sang with a passion she hadn't felt in a long time. It was as if she wanted to prove to herself and the world that she was still the great diva she had once been.

The arias flowed into each other, and Sofie lost herself in the music. The world outside the stage disappeared; there was only her, the music, and the audience. She gave everything, every emotion, every memory, every joy and every sorrow.

As the final piece began, an aria that was particularly close to her heart, she felt tears in her eyes. It was the aria with which she had celebrated her breakthrough many years ago. The memories came flooding back, along with the emotions of that time. She sang the last notes, and the world stood still.

The applause erupted, loud and overwhelming. Sofie bowed deeply, tears streaming down her face. It was the perfect conclusion, the perfect moment. She knew this would be the last time she stood here, but it was okay. She had given everything, and she was ready to say goodbye.

Backstage, Clara embraced her. "That was incredible, Sofie."

"Thank you, Clara." Sofie smiled through her tears. "I couldn't do this without you."

"And what will you do now?" Clara asked.

Sofie took a deep breath. "I don't know. But I think it's time to start a new chapter."

"You will always be a great singer, no matter what you do."

"Thank you." Sofie took Clara's hand and squeezed it. "Let's go. There's a world out there waiting to be discovered."

Together they left the opera house, the lights of the city sparkling in the distance. Sofie felt light, liberated. The future was uncertain, but she was not afraid. She had left the stage, but the music would always remain in her heart.

The night air was cool and fresh, and Sofie took a deep breath. It was a new beginning, a new journey. And no matter where she went, she knew that music would always be a part of her.